SUMAK KAUSAY (IL BUON VIVERE)

PER UN AUTISMO FIORENTE

Contesti e significati dell'esperienza dal Sud Globale andino

Coni Danegger, PhD

Mama Quilla

Coni Danegger, PhD, *Sumak Kausay (Il Buon Vivere) per un autismo fiorente. Contesti e significati dell'esperienza dal Sud Globale andino.* Salta: Mama Quilla, Dicembre 2024.

ISBN 9798303094345

Introduzione 4

Il mondo e il cosmo come famiglia 6

La Madre Terra come dimora comune 8

Essere in famiglia e comunità 9

Ogni cosa e ciascuno 10

Un mondo senza sprechi 11

Dimensioni dell'esistenza 13

Ritornare a cominciare 14

Complementarietà 15

Armonia e armonizzare 16

Purificare 17

Nutrire e curare 19

Attaccamento e crescita 20

Accompagnare, partecipare, praticare 22

Solitudine, senso di sé e autonomia 24

Riconoscere la propria esperienza 26

Silenzio e mistero 27

Salutare 28

Musica e danza 29

Pagamenti e doni 30

Reciprocità 32

Un corpo saggio e conoscitore 33

Unità e diversità 35

Senza bisogno di includere 36

Sumak Kausay e sviluppo personale 37

Epilogo 38

INTRODUZIONE

Vivo nel nord delle Ande argentine, in un paesino che ospita due comunità indigene Kolla: Urkuwasi e Condorwasi. Sono arrivata qui per aiutare ad allevare, per un periodo, animali da fattoria, un'attività che ho potuto conciliare con l'interazione con persone autistiche e con la scrittura, nelle notti e nelle prime ore del mattino, su educazione e sviluppo nell'autismo.

Questa esperienza di condividere spazio e tempo nel contesto proprio di comunità indigene aperte all'interculturalità e allo scambio globale ha dato finalmente un senso e un contesto a echi della mia infanzia: le mie due nonne - scomparse da tempo - provenivano da un villaggio rurale i cui abitanti, con gli stessi cognomi delle nonne, fanno ora parte della comunità indigena Diaguita-Calchaquí.

Avevo già avuto in precedenza degli incontri con alcune delle mie radici, in diversi spostamenti un po' improvvisi, durante il lungo periodo della pandemia. Proprio quando, in modo sorprendente, hanno iniziato a coincidere grandi cambiamenti nella ricerca, nella comprensione e nelle pratiche legate all'autismo, soprattutto in prima persona, che hanno iniziato a emergere come mai prima.

Ho partecipato attivamente a tutto ciò, seguendo il mio personale percorso di ricerca, comprensione e pratiche, in diversi contesti urbani e rurali, essendo io stessa una donna autistica. Queste righe sono frutto di una parte di ciò che ho imparato in questo percorso, così come di insegnamenti provenienti dal popolo Q'ero, in Perù.

Contengono aspetti che potrebbero essere utili per coloro che cercano, in questo momento, nuove chiavi per una rinnovata crescita personale e benessere delle persone autistiche, seguendo linee allo stesso tempo collaudate nel corso delle generazioni.

Condivido qui con te alcune delle tracce di contesti e significati legati alla nozione di *Sumak Kausay* ("buon vivere, buona vita", "il buon vivere", in quechua) che hanno contribuito a farmi sentire di nuovo a mio agio nel vasto mondo dell'autismo, del mondo accademico e con i miei pari.

Chi legge potrebbe trovare alcuni tratti della scienza più attuale che riscopre, nei suoi termini e nella sua logica, cause e conoscenze vissute da tempo. In questo approccio non mi riferirò a categorie comunemente applicate all'autismo (ad esempio, "disabilità", "disturbi", o nemmeno "differenze"). Né farò un elenco sistematico di strumenti pratici o consigli basati su queste chiavi andine.

Lascio tutto ciò, e altro ancora, per un'altra occasione. Forse per realizzarlo in *minga*: come incontro tra il pensiero andino e quello di altre regioni del mondo, tra cui quelle del cosiddetto "mondo occidentale". Tenendo in prospettiva anche l'esperienza umana interplanetaria, ormai prossima.

Per un autismo fiorente.

Coni Danegger
A La Caldera, Dicembre 2024

IL MONDO E IL COSMO COME FAMIGLIA

La cosmovisione andina concepisce il mondo come una famiglia composta da divinità, popoli (*ayllus*), *runas*, *warmis* e *wawas* (uomini, donne, bambini), e che include anche animali, piante, minerali e interi luoghi, come le montagne (*Apus*). Membri di famiglia così diversi, che formano un'unica storia che, nel corso del tempo, è continuamente rigenerata e ricreata.

In questa esperienza, il pianeta Terra su cui viviamo fa parte del cosmo: una famiglia e una comunità con Tayta Inti (il sole), Mama Quilla (la luna) o le *Waras* (le stelle) che fanno parte della nostra quotidianità.

Queste divinità familiari, che vengono menzionate quotidianamente con naturalezza nel mondo andino, non sono oggetto di adorazione né risiedono, ad esempio, in un lontano Pantheon.

Al di là dei miti originari, sono percepite istintivamente e nominate in modo pratico come elementi vitali dell'esistenza. Sono la terra, il sole, l'acqua, il vento, il fuoco...

Possiamo parlarne, far loro regali o chiedere loro ciò di cui abbiamo bisogno, e non in forma di suppliche, ma riconoscendo la loro azione.

Nelle culture andine, le persone si rivolgono a queste divinità con familiarità e fiducia, come in una conversazione continua, senza formule o atteggiamenti formali.

Con particolare venerazione verso gli antenati, le persone anziane.

E verso colui che ordina tutto ciò: Tayta Inti, il sole. E Pachamama, la Madre Terra.

Gli esseri umani siamo (solo) alcuni dei membri di questa famiglia globale, cosmica.

LA MADRE TERRA COME DIMORA COMUNE

Questa familiarità con il mondo trova il suo centro e la sua dimora in Pachamama, la Madre Terra.

Essa è al tempo stesso, e trascende, ogni zolla di terra e l'intero pianeta Terra.

È concepita come un'entità che abbraccia e contiene ognuno degli esseri esistenti e ciascuna delle loro interazioni, fornendo armonia, sviluppo, incontro.

I cicli di movimento e di vita, che comprendono anche le fini e la morte, in questa comprensione, fanno parte del ritmo di Pachamama, in cui tutto trova un senso.

ESSERE IN FAMIGLIA E COMUNITÀ

La concezione andina del mondo si fonda su nozioni che racchiudono e mostrano sfumature delle idee di 'famiglia' e 'comunità' (queste parole designano visioni condivise, con differenze culturali, a partire dalle lingue occidentali). Nelle Ande, è *l'ayllu*.

Non si identifica necessariamente con l'ambito della famiglia di sangue, e in alcuni casi la trascende. *Ayllu* impregna e significa diverse forme di relazione, anche in modo spirituale e per scelta di legami.

In primo luogo, fa riferimento alla persona stessa, che si concepisce come comunità in sé, realizzandosi nell'essere e nello sviluppo delle sue varie dimensioni.

Ayllu è anche sociale e culturale, in riferimento ad altri esseri umani.

Questo senso di familiarità e di essere comunitario abbraccia anche le divinità andine, gli animali (sacri, domestici, da fattoria o da pascolo...), le piante, gli oggetti (case, tessuti, cesti, vasi...) e anche i luoghi.

OGNI COSA E CIASCUNO

"Tutto è vivo", dicono i nonni delle Ande.

Tutto e ogni essere, formando un tutto.

Tutto collegato a tutto.

All'interno di questo tutto, ogni essere, nel suo spazio-tempo, come l'unico e il più importante.

Dando vita al tutto.

Anche tu.

E ogni parte di te.

UN MONDO SENZA SPRECHI

Pachamama accoglie ogni essere senza rifiutarne nessuno. C'è spazio per tutti e per ciascuno.

Non distingue esseri convergenti o divergenti. Ciascuno di coloro che esistono è unico.

Accettato così com'è e come sta essendo.

Ogni specie, ogni persona, animale o pianta, e persino ogni frutto, ogni foglia. Ogni pietra, grande o piccola. Ogni granello di sabbia, duna e montagna.

Allo stesso tempo, ogni essere è in movimento, all'interno di una delle forme del cambiamento.

Nei cambiamenti che implicano le stagioni dell'anno o della vita.

In ogni cambio di luna, ogni ciclo mestruale, ogni cambio di ciclo.

In ogni germoglio e in ogni ferita.

Ogni apparente errore, rottura, perdita, morte o rinascita.

Nessun essere e nessuna vita è uno spreco o sprecata. Tutte e ciascuna sono preziose e necessarie.

Nessun tratto della vita dell'*ayllu*, nemmeno quella di niente o di nessuno, è uno spreco.

Sotto la pioggia e poi quando esce il sole, le piccole foglie o i rami secchi sono caduti dagli alberi e giacciono sul terreno. Per Pachamama fanno parte del ciclo della vita, rinnovandosi nel trasformarsi in humus, radici, tronco, foglie, fiori, frutti.

DIMENSIONI DELL'ESISTENZA

L'esistenza umana, come le Ande, ha dimensioni che sono concepite spazialmente e in relazione a forme di vita.

Le vite personali trascorrono nel *kay pacha*, che è questo mondo che vediamo e abitiamo.

Allo stesso tempo, in relazione a un mondo che si concepisce come superiore e più ampio, i cui animali caratteristici volano o sono più leggeri: è l'*hanaj pacha*.

Un'altra dimensione della sua esistenza è legata al mondo sotterraneo, l'*urku pacha*, popolato da una varietà di personaggi e miti.

Questi mondi coesistono e interagiscono nelle soggettività delle persone nelle Ande, facendo parte del loro percorso personale di autoconoscenza e autoaccettazione.

RITORNARE A COMINCIARE

Il tempo andino è ciclico.

Si rinnova ripetendo tappe, attorno alle reiterazioni di Pachamama: nelle stagioni dell'anno, nei movimenti del sole, nelle costellazioni, nella luna.

Indica il tempo per tutto, come la natura.

Tempi di lavoro, di festa, di riposo, di far riposare.

Tempo di conservare il seme e tempo di seminare, tempo del primo raccolto e del grande raccolto.

Tutti i tempi hanno un senso: i loro periodi di cambiamento rapido, potature o tempeste, i loro momenti di attesa, le loro apparenti lentezze.

In questo, ogni essere porta avanti il proprio ritmo, che è osservato e rispettato dalla saggezza ancestrale.

Con il segno di opportunità rinnovate per ricominciare.

COMPLEMENTARIETÀ

La cultura andina non ha affinità per arbitrarietà prive di senso vitale.

Ad esempio, per motivi di estetica esterna o per compiacere lo sguardo altrui.

Pachamama è autentica.

Per lei, una rosa in fiore non è di per sé migliore dell'humus che l'ha nutrita e fa parte della sua pienezza.

Quella stessa rosa diventerà humus, in un altro spazio-tempo. Sempre in pienezza.

Allo stesso modo, riconosce due energie che si distinguono e allo stesso tempo si valorizzano: un'energia è raffinata (*sami*) e un'altra, densa (*hucha*).

L'energia raffinata non è migliore di quella densa: è diversa. Corrisponde a determinate situazioni o condizioni.

Anche l'energia densa è valida, necessaria, complementare al servizio della vita.

ARMONIA E ARMONIZZARE

Allo stesso modo, alcune direzioni dell'azione sono volte all'armonizzazione.

L'accettazione di ciò che è, nella matrice di Pachamama, porta a cercare o a far progredire la sua armonia, con se stessi e con il resto.

La nozione di tutto e di diverso implica il movimento, spazi-tempi e riti di armonizzazione, come parte del cammino verso il *Sumak Kausay*.

Cambiando o restituendo disposizione, ordine o forma, verso quella che rende pieno e realizza ogni essere, mentre sta essendo.

Senza per questo far sì che ciascuno cessi di essere ciò che è.

Anche *sami*, l'energia raffinata, può aver bisogno di essere armonizzata.

Hucha anche, e continuerebbe a essere energia densa, anche se armonizzata.

PURIFICARE

Nel corso del cammino ci sporchiamo, accumuliamo, perdiamo chiarezza.

Per armonizzare, prima di agire riempiendo o rimediando, la cultura andina fa una pausa, osserva e pulisce.

Non per lasciare impeccabile, perfetto o innocuo, ma per tornare all'origine e rinnovare, ricominciando i cicli.

Ci sono molti riti andini, e anche giorni speciali dell'anno, dedicati alla purificazione, alla pulizia o al *pampachay*.

Di case, corpi, pensieri, intenzioni, oggetti.

Al flusso di Mama Cocha, la sacra madre delle acque, e spesso contando sulla partecipazione di Tayta Inti (il sole), Mama Quilla (la luna) o Tayta Huayra (il vento).

Con l'aiuto di erbe, fiori o radici di piante sacre o di coltivazione domestica.

Con il sale. A volte, con la terra.

Con incensi. Con canti e invocazioni. Con lavatrici, saponi, scope e piumini.

A volte, con l'aiuto di persone specializzate in questioni specifiche. Contando su di ciò, ora, con l'aiuto di scienze e professioni.

Abitualmente, in modo personale, sulla base dell'osservazione e della comprensione di sé in interazione con gli elementi della natura. Seguendo le indicazioni della saggezza ancestrale.

NUTRIRE E CURARE

Pachamama, la natura, è colei che cura, che ristabilisce l'equilibrio.

La cosmovisione andina concepisce che la disarmonia e il malessere colpiscono non solo le persone, ma anche i loro ambienti (le loro case o luoghi di lavoro), e anche la natura.

Per questo, l'armonizzazione deve essere fatta anche in questi altri ambiti.

L'alimentazione ha anche funzioni di medicina, per nutrire, prevenire o curare.

In modo ordinario, le persone gestiscono i propri *hampis*, farmacie con erbe curative.

Le comunità affidano alcune attività, spirituali e curative, alla medicina tradizionale, ai loro *yatiris*.

La loro azione e il modo di preparazione sono trasmessi di generazione in generazione, come parte dell'iniziazione nei *runa warmi*, i momenti della vita.

ATTACCAMENTO E CRESCITA

Le famiglie andine non sperimentano in genere il senso di possesso o di appartenenza esclusiva dei propri figli che si trova come caratteristico in Occidente.

Piuttosto, esiste da un lato la percezione che i *wawas* siano legati in modo particolare al mondo misterioso degli dei, in particolare a Pachamama, l'amorosa Madre Terra.

Dall'altro lato, appartengono all'*ayllu*. Infatti, aspetti della crescita avvengono in comunità, in mezzo alle ronde delle comare.

La supervisione delle nonne tiene conto della saggezza ancestrale per interpretare i segnali e indicare cosa fare, nelle diverse situazioni dei *wawas* della comunità.

Allo stesso modo, molte volte si riconoscono le madri, a volte anche i padri, delle Ande perché portano il loro *qepi* di stoffa di lana sulla schiena, portando, avvolta e fasciata, una piccola *wawa*.

Da questa relazione di vicinanza negli inizi della loro vita, i figli e le figlie andini si iniziano alla partecipazione alla vita, ai tempi e alle attività dell'ayllu, costruendo allo stesso tempo una visione del mondo basata su legami di attaccamento.

Con il primo taglio di capelli, intorno ai tre anni, arriva la loro prima tappa di autonomia, celebrata in grande stile con una festa dalla comunità.

ACCOMPAGNARE, PARTECIPARE, PRATICARE

La cultura andina educa attraverso la presenza, l'accompagnamento e la pratica. Non attraverso l'insegnamento esplicito.

L'accompagnamento è prima di tutto da parte dei *wawas*, assistendo e presenziando ogni passo, azione, scambio.

Poi, con la loro curiosità e azione autonoma, osservando e ponendo domande agli anziani. Successivamente, praticando.

Lì, la presenza che è educazione si trasforma in quella di chi li osserva, fa domande, incoraggia, guida.

In modo vicino o remoto, quando i giovani dell'*ayllu* si iniziano a forme più avanzate, in base al passare del tempo.

Con progressiva maggiore autonomia: dall'essere aiutanti nelle faccende domestiche, al responsabile di compiti sempre più importanti; fino a poter svolgere molte e tutte le attività in modo autonomo fuori casa.

Formando poi, verso l'adolescenza, una propria casa, come una prova.

Provando anche le relazioni di scelta e la formazione di una propria famiglia, attraverso il *sirviñaco*.

Con l'accompagnamento di antenati e antenate, nonne e nonni dell'*ayllu* e tutta la loro saggezza.

E il ciclo ricomincia.

SOLITUDINE, SENSO DI SÉ E AUTONOMIA

L'esperienza di stare in solitudine per ore, giorni o settimane è comune in montagna, fin dall'infanzia o dall'adolescenza.

Implica prendersi cura di sé e farsi buona compagnia, costruendo e alimentando l'intimità dell'*ayllu*, tutto unito e diverso, personale.

Significa anche svolgere in modo autonomo i lavori domestici e quelli quotidiani.

Prendersi cura e spostare gli animali da pascolo, o occuparsi della loro tosatura.

Pianificare e realizzare compiti a medio e lungo termine, come i calendari di semina e coltivazione.

Contribuire alla continua costruzione della casa - come un essere vivo che è.

Dedicarsi alla creazione di tessuti, conserve, conciature, per uso personale o per lo scambio.

Prendersi cura dell'interiorità di una voce eloquente, assertiva e sicura.

Ricordare conoscenze e storie e conservare i nuovi ricordi da condividere poi nella comunità.

Chi è in solitudine in questo modo, continua a far parte della comunità.

RICONOSCERE LA PROPRIA ESPERIENZA

Mentre l'anno trascorre si rinnovano le abitudini quotidiane e con esse anche le feste.

In alcuni casi, in coincidenza con ciò che è più utile o conveniente, o con la disponibilità di ciò che esiste.

Così, ad esempio, ci sono cibi invernali ed estivi, con diverse proprietà nutritive e in base agli alimenti che si producono in quel periodo.

Ma anche riconoscendo come l'interazione con il mondo ci fa sperimentare e sperimentare noi stessi.

In comunità, ad esempio riconoscendo, validando e facendo un rito e una festa della varietà di emozioni, sensazioni o stati d'animo che attraversano l'anno dell'*ayllu*.

Così, accompagnando i ritmi vitali dei tempi dell'anno, ci sono per esempio strumenti e modi di fare musica. In inverno, in modo più grave, triste e malinconico; in estate, più acuto, animato e festoso. Le *cajas bagualeras*, riflesso e veicolo di espressione della soggettività andina, hanno, ad esempio, queste due forme e usi.

SILENZIO E MISTERO

Il silenzio andino si staglia sui suoni della vita, in montagne, valli, altipiani, gole e pianure.

La cosmovisione andina rispetta e valorizza particolarmente quel silenzio - così come, nei suoi spazi-tempi, lo scambio di parole o *coplas*, il riso e il rumore della celebrazione e della festa.

Il particolare silenzio della gente andina non è segno di vuoto, ignoranza o disprezzo.

Viene vissuto come esperienza e ambito di intimità, e apertura all'ascolto.

Anche, contesto di contemplazione e scoperta del mistero.

SALUTARE

L'atto di salutare è particolarmente venerato nel mondo andino.

Forse favorito dalla circostanza che è frequente spostarsi su lunghe distanze, spesso a piedi o a dorso di animali, o dal fatto che alcune comunità sono transumanti.

Le parole di saluto non sono meri formalismi di passaggio o formule vuote.

Spesso le persone hanno parole preferite, scelte con cura, per esprimere il loro saluto come forma di benedizione.

Ci sono parole tradizionali di saluto che rivelano desideri, intenzioni o codici comuni di comportamento:

"*Ama sua*: non essere ladro.
Ama llulla: non essere bugiardo.
Ama quella: non essere pigro".

MUSICA E DANZA

La cosmovisione andina si esprime nei linguaggi della musica e della danza come sistemi di conoscenza, comunicazione e scambio sociale.

La danza, occasione di festa, incontro e riposo, è qualcosa di rituale e si basa su diversi ritmi e armonie familiari.

La musica si ascolta e si fa anche, in comunità. Fa parte dell'esperienza quotidiana come forma accettata di comunicazione dei propri sentimenti, desideri e pensieri.

Ad esempio, nel canto con la *caja*, individualmente, in cerchio di comare o di *compadres*, o con la grazia e la scintilla del contrappunto e della competizione nell'improvvisazione.

Implicano apprendimento e allenamento, che sono molto apprezzati nelle comunità.

PAGAMENTI E DONI

Il 1° agosto è la festa della purificazione nel mondo andino: inizia il mese di Pachamama.

In ogni casa si effettua una pulizia energica, a volte generale. Fin dalle prime ore si vedono i fumi della combustione di oggetti in disuso e di incensi.

Il 2 agosto di solito iniziano le amorose cerimonie di celebrazione, che sono una sorta di pagamento alla Madre Terra.

Ovunque le persone si riuniscono intorno a una cavità nel terreno, solitamente fatta l'anno precedente e quello precedente ancora.

Ogni volta, prima per vedere se la Pacha ha consumato tutta l'offerta dell'anno precedente: sarebbe di buon auspicio non trovare nulla di tutto ciò.

Nel frattempo, le persone presenti si preparano a fare il loro dono. Interiormente, ricordando i motivi della loro gratitudine e le loro nuove richieste.

Esternamente, con incensi vegetali e preghiere.

Al suono della musica e mormorando, a due a due le persone passano l'offerta, con l'aiuto di coloro che hanno preparato e invitato alla cerimonia.

Generosamente, si offre alla Madre Terra bevande e cibo. Tutto ciò che è piacevole per le persone deve essere condiviso con lei.

Acqua, succhi, coca-cola, birra, vino e liquori, cibi riccamente preparati, dolci, dessert, semi preziosi... Anche sigarette e foglie di coca, sacre sotto la protezione di Mama Kuka.

Tutto questo, mentre le persone intorno continuano le loro conversazioni abituali, i bambini continuano a giocare, gli animali domestici vanno e vengono.

Pachamama e l'offerta fanno parte della vita domestica quotidiana.

RECIPROCITÀ

Ayni è uno dei nomi andini della reciprocità nel dono, nel dare, nell'offrire.

Nell'equilibrio e nell'armonia dell'ayllu, questo ha dimensioni sia materiali che spirituali.

Non si concepisce che ci siano persone che ricevano solo o che donino solo.

Ognuno può contribuire con qualcosa.

Ognuno può e deve ricevere una retribuzione.

In modi diversi: con lo scambio di oggetti o azioni, come il baratto o il cambio, o con denaro.

Anche Pachamama dà e riceve.

Ai riti del *pago* (pagamento, dare), a volte, specialmente in periodi festivi, si aggiunge:

> *¡Pachamama, kusilla kusilla!*
> Pachamama, sii propizia.
> Sii generosa nel tuo dono.

UN CORPO SAGGIO E CONOSCITORE

Il *pocpo* (corpo) è colui che conosce. La saggezza andina non concepisce che si possa conoscere solo o principalmente con una parte, ad esempio il cervello.

La considerazione di "ciò che è cognitivo" come separato dal corpo, sarebbe ad esempio estranea a questa visione del mondo.

Al di là del neurocentrismo, si concepisce che ogni corpo conosca con i suoi vari sistemi vitali, nella sua relazione con il mondo.

Le diverse zone del corpo hanno particolari qualità per esplorare e sapere. Ognuno guarda e vede, letteralmente, dai propri *ñawis*, o occhi, che sono l'organo di conoscenza di quella zona del *pocpo*.

Le nozioni di 'sapere' e 'vivere' diventano inscindibili in una parola andina per designare la conoscenza: *yachay*.

In questa concezione, il corpo conosce attraverso la sua azione pratica, che è il fare, così come la percezione, l'intuizione e la creazione.

Il corpo porta in sé le tracce di ciò che hanno
conosciuto gli antenati.

Anche ciò che le storie e i fatti passati hanno
depositato nella sua memoria, dando un significato
alla propria esperienza vitale.

UNITÀ E DIVERSITÀ

In Pachamama, il tutto è uno.

In quell'uno fondamentale, si trova tutta la diversità dell'esistenza.

L'uno è la pienezza del diverso.

Il diverso riempie l'uno e l'unico.

In ogni essere che è, che sta essendo.

Anche, rispetto alla comunità, tutto ciò che è unità di tutte le diversità.

Che accoglie e forma unità nella diversità del diverso.

Con tutte le sue forme di essere, e le sue intersezioni.

SENZA BISOGNO DI INCLUDERE

In Pachamama, ognuno fa parte del tutto. Non come una proprietà, ma come una parte.

La natura non ha bisogno di includere: è, semplicemente, nell'unità e nella diversità.

Per l'intuizione andina tutto è già incluso, per così dire.

La nozione di 'includere', come verbo d'azione, o 'essere incluso' come condizione o situazione di un oggetto, non ha senso da questa prospettiva.

Chi o chi si potrebbe arrogare il diritto di permettere o lasciare spazio (o no), accanto a sé, come uguali, ad altri esseri umani, di 'includerli'?

Forse inconsciamente avrebbero dovuto prima spostare questi simili, almeno nel loro pensiero.

Questi pari stavano già essendo. Senza che aspetti della loro diversità, o la loro traiettoria nel tempo, ad esempio, condizionassero o fossero un ostacolo per il loro essere *ayllu*.

Nella cosmovisione andina l'inclusione è data per scontata, è implicita nell'*ayllu*.

SUMAK KAUSAY E SVILUPPO PERSONALE

Sumak Kausay va oltre il concetto di "essere felice".

Sumak è pienezza, realizzazione.

Kausay, vita, e anche movimento.

Incanala la nozione di benessere, con una sfumatura.

Sempre in movimento, in dinamismo vitale, il benessere della cosmovisione andina è un buon-essere-essendo. Facendosi.

Mai finito, completo o chiuso.

Si traduce anche come "vita buona" e "buona vita": con senso e scopo, curata, condivisa, utile, lavorata; goduta, graziata e grata.

Sumak Kausay è un cammino vitale, *ñan*, percorso con un senso di comunità globale, universale, ma in modo personale e pratico.

Ancora e ancora, come i cicli di Pachamama, ricominciando.

EPILOGO

Sotto l'egida di Pachamama, l'autismo può essere un'opportunità per percorrere un cammino leggermente diverso da quelli conosciuti in altre culture del mondo.

In alcuni aspetti, forse più delicatamente adeguato e rispettoso.

Auguro a te che la conoscenza del mondo andino possa ispirarti forme e tempi di rinnovamento.

www.ingramcontent.com/pod-product-compliance
Lightning Source LLC
Chambersburg PA
CBHW051925250726
48659CB00002B/842